12 OUTILS POUR CAPTER L'ATTENTION DES ENFANTS

Marie Poulhalec

À l'usage des enseignants et des parents

jouvence
EDITIONS

Dans la même collection aux Éditions Jouvence

La Slow Life en pleine conscience, Cindy Chapelle
Auto-empathie, Philippe Beck
Découvrir et accueillir sa part d'ombre, Mireille Rosselet-Capt
L'art d'écouter, Patrice Ras
Mon toit et moi : installer les bonnes énergies, Solange Cousin
100 expressions qui donnent la niaque !, Gilles Guilleron
La force de l'amour dans la Communication Créative®, Yvon Delvoye
Les 5 blessures de l'âme, Isabelle Gauducheau et Mary Laure Teyssedre
L'estime de soi, Rosette Poletti et Barbara Dobbs

Catalogue gratuit sur simple demande

ÉDITIONS JOUVENCE

France: BP 90107 – 74160 Saint-Julien-en-Genevois Cedex
Suisse: CP 227 – 1225 Chêne-Bourg (Genève)
Site internet: www.editions-jouvence.com
Mail: info@editions-jouvence.com

ISBN 978-2-88911-790-1
Mise en pages: Sir
Couverture: Éditions Jouvence
Dessin couverture: Jean Augagneur

Sommaire

Introduction

Il n'est pas toujours facile de capter l'attention des enfants c'est-à-dire de faire en sorte qu'ils nous écoutent. En effet, bien souvent, ils donnent l'impression d'écouter mais il suffit de leur demander de répéter pour se rendre compte que l'information n'est pas arrivée jusqu'à eux. **Les enfants nous entendent mais ne nous écoutent pas toujours**, je l'ai maintes fois expérimenté à leur contact.

Moi-même, enfant, à l'école primaire, je n'écoutais pas mes maîtresses. Je partais souvent dans mes rêves... C'est bien plus tard, au collège, que j'ai pris conscience de l'importance d'écouter. J'écoutais mes professeurs, je répétais même mentalement leurs phrases. En sortant du cours, j'étais capable de répéter la leçon parfaitement. Mes résultats et mon goût pour apprendre ont considérablement augmenté.

Aujourd'hui en tant qu'enseignante, je suis souvent confrontée à ce problème. J'ai une information importante à transmettre, je déploie une énergie colossale pour la transmettre et au bout du compte, j'ai perdu mon temps. Les élèves n'ont rien capté. Certes, ils étaient à peu près silencieux mais leur esprit, leur attention papillonnait.

Combien de parents désespérés je rencontre quotidiennement ! Tous me tiennent le même discours : « *Nous passons des heures à faire les devoirs, à apprendre une leçon. Il ne se concentre pas. Je le laisse travailler mais quand je reviens, il fait autre chose. Je me fâche. Il n'écoute rien, il ne tient pas en place !* » Que de frustrations de part et d'autre !

Ce livre vous propose de faire de ce temps, consacré à votre enfant/aux enfants, un moment de joie, de partage, voire de complicité. Il vous propose de rendre meilleure, plus harmonieuse et plus bénéfique, la relation à l'enfant.

Aussi, à travers cet ouvrage, **je vous propose des méthodes simples mais efficaces et facilement applicables pour développer les capacités d'écoute des enfants, les aider à accroître leur concentration et donc réussir**. J'ai moi-même pratiqué certaines de ces méthodes en âge scolaire et je les ai toutes testées auprès d'enfants. **Ce livre est le fruit de diverses formations, de multiples lectures mais aussi celui de mon vécu personnel.**

Ces méthodes s'adressent à des enfants d'école primaire mais peuvent aisément être appliquées à des plus grands et même à des adultes. Elles peuvent être utilisées en groupe, en collectivité quelle que soit la structure (école, centre de loisirs...) ou individuellement. Vous pouvez aussi les appliquer pour vous-même afin d'accroître votre efficacité intellectuelle.

J'utilise régulièrement ces méthodes dans ma classe et dans ma vie personnelle. Elles sont pour moi de précieux outils pour amener les enfants, petits et grands, vers la réussite. Vous pouvez les appliquer toutes. Vous serez vraisemblablement plus sensible à certaines qu'à d'autres. Vous pouvez toutes les utiliser et serez surpris de leur efficacité !

L'attention (c'est-à-dire la capacité à écouter ou exécuter une tâche) des enfants varie en fonction de l'âge, de l'activité et de l'environnement.

- Pour un enfant de 5-6 ans, la durée est de 15 à 20 minutes.
- Pour un enfant de 7-8 ans, elle est de 20 à 30 minutes.
- Pour un enfant de 9-10 ans, elle est de 25 à 35 minutes.
- Pour un enfant de 11-12 ans, elle est de 30 à 40 minutes.

Pendant ces périodes d'attention, il y a des moments de déconnexion de quelques secondes, voire quelques minutes. Entre ces temps de totale attention, de travail soutenu, il est essentiel d'accorder des temps de repos, de détente pour reprendre par la suite une activité.

> *« Un enfant qui ne fixe pas son attention,*
> *qui accumule des retards de langage*
> *ou qui a des troubles du comportement,*
> *a diminué ou supprimé son écoute. »*
> Alfred Tomatis

Il me semble primordial, tout en tenant compte de leur possibilité, de capter l'attention des enfants car **c'est en ÉCOUTANT qu'on APPREND !**

Plus l'élève développera ses capacités d'écoute, meilleurs seront ses résultats !

Le hic, bon nombre d'enfants ne savent pas ÉCOUTER ou, en tout cas, n'ont pas conscience de l'importance de l'écoute pour réussir.

Ce livre vous donne des outils pour les aider à écouter, à développer leur attention car « entendre » c'est une chose, mais « écouter » est tout autre !

Écouter c'est être capable de redire, quasi aux mots près, ce qui vient d'être énoncé. L'écoute est un acte conscient, volontaire. Écouter dépend donc de notre volonté.

Entendre c'est percevoir un son, un bruit, une voix sans en saisir le contenu. Entendre est une action involontaire.

Écouter c'est plus qu'entendre.
C'est entendre avec une attention totale, profonde.

L'attention c'est tendre vers, c'est être attiré par quelque chose, ouvrir ses yeux et ses oreilles pour récolter des informations. La concentration c'est se centrer sur une tâche, se replier sur soi-même pour accomplir un travail. De l'attention débouche la concentration. Parce que je suis attentif et que je sais écouter, je peux me concentrer, c'est-à-dire accomplir un travail.

La frontière entre ces deux termes est néanmoins assez ténue. Développer ses capacités d'attention permet aussi de développer ses capacités de concentration. Capter l'attention des enfants pour une meilleure écoute.

Meilleure écoute = meilleure concentration = meilleure mémorisation = meilleurs résultats = meilleure estime de soi.

Un enfant attentif capte mieux ce qu'on attend de lui… IL ÉCOUTE !

ÉCOUTER = RÉUSSIR !
Tel est le programme de ce livre.

Comment fonctionne ce livre ?

Cet ouvrage propose des outils pour ***capter*** et ***développer*** les capacités d'attention des enfants au quotidien. Un ouvrage deux en un !

- La première partie concerne l'attitude à adopter pour capter et maintenir l'attention d'un ou plusieurs enfants.
- La seconde, un ensemble d'exercices pratiques permet de développer les capacités d'attention d'un ou plusieurs enfants.

Chaque chapitre présente un outil et se divise en 4 étapes.

- Une approche « scientifique » brève de l'outil traité. De nombreuses références en fin d'ouvrage vous permettront d'approfondir le sujet si vous le souhaitez : **En bref.**
- Je vous fais part de mon vécu avec l'outil cité auprès d'un groupe d'enfants ou d'un seul enfant : **Mon expérience.**
- Je vous donne les clés pour mettre **concrètement** en place l'outil : **À vous maintenant !**

- À vous de remplir un tableau en écrivant succinctement ce qui a conduit à sa réussite ou à l'inverse à sa non-réussite. En général, mettre des mots sur les manques permet de les résoudre avec facilité. Vous êtes votre propre guide : **Faisons le point.**

Comment remplir le tableau «Faisons le point» ?

Voici deux exemples :

Situation mise en place	Évaluation	Argumentation
J'ai mis en place « la technique de la tomate[1] ».	Cela a bien fonctionné.	J'avais bien prévu le minuteur et dit explicitement aux enfants comment fonctionnait cette technique. J'ai aussi respecté le temps de pause au bout des 25 minutes de travail.

Situation mise en place	Évaluation	Argumentation
J'ai mis en place « la technique de la tomate ».	Ce fut catastrophique !	Je n'ai pas dit clairement aux enfants en quoi consistait cette technique. Je n'ai pas accordé de pause au bout de 25 minutes de travail. Les enfants n'entendaient pas le tic-tac du minuteur…

→ À vous d'en tirer les conclusions pour améliorer votre pratique ou poursuivre…

Partie 1

Des outils clé en main

Outil n° 1 : Les rituels
Outil n° 2 : Le geste/La voix
Outil n° 3 : Le chant/La musique
Outil n° 4 : La communication bienveillante
Outil n° 5 : Les cartes mentales
Outil n° 6 : La technique de la tomate
Outil n° 7 : Le Whole Brain Teaching
Outil n° 8 : La surprise

Outil n° 1: Les rituels

❍ *En bref*

Un rituel est un moment prévisible qui permet à l'enfant d'anticiper la venue d'un événement. Il doit s'inscrire dans la durée et être quasi permanent. Tous les parents connaissent l'importance des rituels : petite histoire du soir, chansons douces, gros bisous. Ces rituels aident l'enfant à se repérer et lui permettent de se poser dans un cadre sécurisant. Ce cadre n'est pas figé. Il est tout simplement rassurant.

❍ ***En quoi cet outil permet-il de capter l'attention des enfants ?***

En classe, au centre de loisirs mais aussi à la maison, plus l'enfant sait à quoi s'attendre, plus on captera toute son attention. En effet, les enfants ont besoin de « moments clés » dans la journée ou dans la semaine. Cela les aide à se fixer des repères et donc à mobiliser leur attention. Parce qu'il revient régulièrement à une heure déterminée, un rituel capte l'attention des enfants !

❍ ***Quels rituels mettre en place ?***

Il est possible de mettre des rituels dans toutes les activités au cours d'une journée. Les rituels permettent de soulager d'une part les adultes qui n'ont plus à négocier en permanence et d'autre part d'aller à l'essentiel…

Jeux, relaxation, lecture, rangement, leçons, hygiène sont des exemples de rituels à mettre en place.

❍ ***Comment mettre en place un rituel ?***
Que ce soit dans une classe, au centre de loisirs ou à la maison, pour mettre en place un rituel et le faire accepter des enfants, il convient de rester flexible et de ne pas mettre la barre trop haute. Ces rituels peuvent être élaborés en groupe, lors d'un échange enfants/adultes, selon les besoins de chacun.

Il faut souvent plusieurs semaines pour que le rituel devienne chez l'enfant un automatisme.

❍ ***Les différents supports et exemples de rituels***

• *Chants ou comptines*

Pour signaler que l'on passe à une nouvelle étape de la journée. Pour les petits, heure de s'habiller, de se laver les mains…

Pour les plus grands, cela signale un changement d'activités : ranger ses affaires…

• *Dessins, tableaux, stickers*

Ils sont placés à un endroit stratégique pour que l'enfant puisse régulièrement s'y référer et se rappeler le ou les rituels.

• *Montres, horloges*

Ils indiquent le moment du rituel.

Vous trouverez ci-dessous des exemples de rituels que l'on peut appliquer à divers moments de la journée et selon les besoins :

- le rituel du matin à la maison : on se lève, on déjeune, on se lave les dents… ;
- le rituel du matin en collectivité : on dit bonjour, on met ses vêtements au portemanteau, on vide son sac… ;
- le rituel pour les tâches ménagères ;
- le rituel pour ranger (sa chambre/son cartable…) ;
- le rituel des responsabilités (à la maison ou à l'école…) ;
- le rituel de la lecture offerte (tous les jours en début d'après-midi, l'adulte offre une histoire aux enfants) ;
- le rituel du coucher (histoire, bisous…) ;
- le rituel du repas (on se lave les mains…) ;
- le rituel de la dictée, du calcul rapide (le compte est bon…) ;
- le rituel de la toilette ;
- le rituel du rangement ;
- le rituel de la séance de relaxation (outil n° 10) ;
- le rituel de l'écoute musicale (outil n° 3) ;
- le rituel des jeux (outil n° 12) ;
- les rituels corporels (outils n° 9 et 11).

❍ ***Mon expérience en tant que professeur***

Dans ma classe, j'ai mis en place des « moments clés » pour rythmer la journée et ainsi optimiser le temps de travail des élèves. Les rituels et leur caractère répétitif permettent à l'élève de prendre des habitudes de travail, de « démarrer » plus rapidement, d'être plus efficace et autonome. Ces « rituels » sont placés à des moments stratégiques. En début de journée, avant ou après les pauses, en fin de journée…

Ces rituels ne sont pas figés. Ils peuvent évoluer, changer aussi en fonction des besoins des enfants et des apprentissages. Quand je sens que les enfants décrochent, je propose des activités corporelles (relaxation, massage, mouvements…) qui deviennent des rituels. Dès que l'enfant s'approprie l'activité, elle devient un rituel. Il est possible de mettre en place des rituels à la maison, à l'école ou autre collectivité…

❍ ***À vous maintenant !***

- Choisissez un ou plusieurs rituels.
- Mettez en place ce rituel :
  - prévoir le matériel ;
  - écrire les consignes ;
  - rappeler les consignes ;
  - définir le temps de mise en pratique du rituel (jour, semaine, mois).

❍ *Bilan de la pratique : les rituels*

Situation mise en place	Évaluation	Argumentation

Outil n° 2 : Le geste/La voix

❍ *En bref*

Pour capter l'attention des enfants, pour que notre message soit bien compris, la communication doit être réussie. Des études menées par le professeur Albert Mehrabian[2] ont établi que 55 % de la communication vient de la communication non verbale, 38 % vient de la manière dont les mots sont prononcés et les 7 % restants de la communication viennent du sens des mots eux-mêmes. Par conséquent, la communication non verbale et paraverbale (l'intonation de la voix…) jouent un rôle fondamental sur la compréhension du discours.

Les effets de théâtralisation provoqués par la voix, le regard, les mains, les déplacements tendent à impressionner les enfants, à les séduire, à capter leur attention…

L'enseignant, l'animateur, le parent, comme le comédien ne communique pas seulement par le verbe, il communique par des signes non verbaux comme les expressions de son visage, ses gestes, le ton de sa voix, ses silences. La voix est un instrument de travail qui doit être contrôlé. La voix est un élément crucial.

Pour capter l'auditoire, la voix doit être : ferme, calme, claire et douce. Elle doit faire preuve d'assurance. Une demande efficace de silence ne s'effectue pas en élevant le volume ou en disant : « Chut » sans arrêt mais au contraire en diminuant le volume sonore de sa voix ou en chuchotant pour se faire entendre. Les variations de hauteurs, d'intensité et le ralentissement du débit de sa voix permettent aux élèves de mieux capter leur attention et donc de mieux recevoir l'information.

Silencieux, immobile, l'adulte face à l'enfant ne cesse de communiquer. Tout ce qu'il fait a une valeur de message perçue par les enfants sensibles à tous les signes. Les sourires, par exemple, ont une valeur positive. Ils permettent d'encourager les enfants et entraînent une meilleure écoute. Le sourire suscite des attitudes positives. Il est souvent contagieux et peut déterminer des comportements d'apaisement et de détente chez les enfants et favoriser un bon climat et donc une meilleure écoute.

Attention aux gestes parasites qui brouillent le discours (mains dans les poches, manipulation d'un objet…).

Lors de la transmission d'une information, ayez les épaules retombées, les bras non croisés, le buste droit et le menton levé. Des gestes amples rendent la situation plus attractive et favorisent une meilleure écoute.

❍ *En quoi cet outil permet-il de capter l'attention des enfants ?*

Notre attitude, nos gestes, notre voix, tout cela concourt à capter ou non l'attention des enfants.

Le contenu de notre discours est certes important ; néanmoins, nous devons toujours avoir à l'esprit que la communication non verbale est un outil qui permet d'agir sur le comportement des enfants (comme des adultes d'ailleurs). Certaines de nos attitudes corporelles révèlent notre état d'esprit. Certaines attitudes éloignent les élèves de notre discours ou à l'inverse, attirent leur attention. La communication non verbale est un outil essentiel dans l'enseignement et a un réel impact sur l'éducation. Aussi, devons-nous prêter une attention particulière à ce qu'on appelle « notre » non verbal. Nous ne communiquons pas seulement avec des mots. Il est important de savoir combiner parole et attitudes non verbales. Un regard, une posture, un geste sont souvent plus efficaces pour entraîner le silence plutôt que des mots…

Le regard valorise l'enfant regardé. Les non-regardés sont démobilisés et décrochent vite. Dans un groupe, les enfants regardés mobilisent davantage leurs capacités intellectuelles. Regarder les enfants est un renforcement positif qui provoque une meilleure écoute. Les yeux sont pourvoyeurs d'information. Un regard insistant fait vite comprendre à l'enfant qu'il doit changer d'attitude. Le regard est primordial dès l'arrivée des enfants dans la pièce jusqu'à l'entrée dans l'activité.

❍ ***Mon expérience en tant que professeur***

Je me suis rapidement rendu compte que je parlais trop et souvent trop fort. Preuve en était, au bout d'une semaine, après les grandes vacances, je n'avais plus de voix. En modulant ma voix, en apprenant à l'utiliser et à utiliser mon corps tel un comédien sur une scène de théâtre, j'ai mesuré combien je me fatiguais moins et je lassais moins mon auditoire. J'ose les silences, associés à une attitude physique appropriée, ils permettent aux enfants de se préparer à écouter. Ces instants de silence sont aussi porteurs d'informations. Ils permettent de prendre conscience de l'effet que produit son discours sur son auditoire. Les silences combinés avec des éléments non verbaux (regards, postures) les font réagir. De même, plus l'intensité de la voix sera forte, plus les enfants parleront fort car ils ont la capacité d'imitation. Aussi, il est important de préserver sa voix !

❍ *À vous maintenant!*

- **Adaptez votre regard.**
  - Balayez du regard **tous** les enfants pour établir le contact.
  - Regardez équitablement les enfants s'ils sont plusieurs.
  - Fixez plus longuement l'enfant qui n'écoute pas.
  - Alternez regards bienveillants ou fixes si l'enfant n'écoute pas.

- **Modulez votre voix.**
  - Modulez votre voix selon le contexte (les divers moments de la journée) ou encore selon l'agitation des enfants.
  - Accentuez les mots importants.
  - Renforcez l'intensité pour reprendre un élève qui n'écoute pas.
  - Variez l'intonation de votre voix pour éviter la monotonie.
  - Osez les silences.

- **Affichez votre sourire.**
  - Souriez! Entraînez-vous à sourire devant un miroir!

- **Soignez vos gestes.**
  - Utilisez vos mains pour parler.
  - Passez votre index devant votre bouche pour solliciter le silence.

- Tendez votre bras, main ouverte quand un enfant vous interrompt pour qu'il vous écoute et vous laisse parler jusqu'au bout;
- Montrez avec votre index vos oreilles et vos yeux pour solliciter l'écoute.
- Tapotez votre oreille pour dire que vous n'avez pas entendu.
- Posez votre main sur l'épaule d'un enfant qui n'écoute pas.
- Tenez-vous droit.
- Soyez ouvert corporellement.
- Positionnez-vous face aux enfants.
- Regardez les enfants.
- Adoptez un comportement chaleureux et amical.
- Soyez de bonne humeur et souriez !

❍ *Bilan de la pratique : le geste, la voix*

Situation mise en place	Évaluation	Argumentation

Outil n° 3 : Le chant/La musique

❍ *En bref*

De nombreux travaux comme ceux du docteur Alfred Tomatis (médecin français 1920-2001, oto-rhino-laryngologiste, spécialiste des troubles de l'audition et du langage, qui a mis au point la méthode Tomatis) ont mis en exergue les effets de la musique sur le fonctionnement du cerveau, pas uniquement pour se détendre, mais aussi pour se concentrer et ainsi favoriser l'apprentissage.

La musique est un outil qui mène à une meilleure attention. La musique calme le rythme cardiaque, détend. Elle a une influence sur nos ondes cérébrales. D'ailleurs, elle a toujours été utilisée pour apaiser l'être humain, le calmer, pour provoquer des images mentales positives. Les hautes fréquences de la musique sont bénéfiques au corps humain et nourrissent l'esprit. Elles sont à privilégier pour développer les facultés mentales. Le violon, la viole, le hautbois, la flûte et le piano sont riches en hautes fréquences. La musique, en apportant le calme, favorise donc une meilleure disponibilité pour le travail. Elle améliore les capacités d'écoute. Il est important d'apprendre à développer son cerveau, à lui donner les stimulations dont il a besoin. La musique le nourrit. Des études sérieuses ont montré l'effet bénéfique de la musique de Mozart. *L'effet Mozart* est réel. Le fait d'écouter de la musique de Mozart permet d'atteindre des performances optimales pour une meilleure attention. Alfred Tomatis et de nombreux chercheurs américains (citons Don Campbell[3]), se sont particulièrement intéressés à la musique de Mozart.

Dans son dernier livre intitulé *Pourquoi Mozart?*, Alfred Tomatis a démontré que la musique de Mozart a une structure proche de celle du cerveau, ainsi cette musique est très stimulante avant un quelconque travail. Mozart nous permet d'être plus concentrés si nous l'écoutons avant d'exécuter une tâche qui demande de l'attention. Son écoute développe les notions spatio-temporelles. Cette musique a un effet sur la concentration. D'ailleurs, de nombreuses écoles américaines mettent du « Mozart » comme musique de fond dans leurs classes. Elle ne fait pas obstacle à la concentration, au contraire, elle l'accroît, l'améliore.

Il serait bon d'écouter du « Mozart » au moins une heure par jour dès 3 ans (même avant[4]) pour améliorer ses performances de concentration.

Pour Alfred Tomatis, le chant grégorien a aussi des vertus thérapeutiques. Mozart a plutôt une action dynamisante ; le chant grégorien, lui, apaise.

Pour Alfred Tomatis, l'oreille de la communication est l'oreille droite. Aussi, quand vous avez une information importante à transmettre, dirigez-vous vers l'oreille droite de votre auditeur.

Tous les morceaux de piano, de hautbois, de flûte, ou de violon sont des musiques intéressantes pour le développement de la concentration.

Toutes ces propositions peuvent aussi être appliquées autant en collectivité qu'à la maison.

Néanmoins, il faut aussi savoir choisir la musique en fonction de la situation.

Évitez, par exemple, de mettre une musique qui invite au mouvement lorsque les enfants doivent effectuer un travail complexe.

❍ *En quoi cet outil permet-il de capter l'attention des enfants ?*

Attention, toutes les musiques ne permettent pas de développer la concentration. Cela dépend de sa fréquence. En effet, les musiques ayant des basses fréquences seront nocives à la concentration parce qu'elles fatiguent l'organisme. En revanche, les **musiques** ayant des **hautes fréquences** ont des **vertus apaisantes** et donc favorisent l'attention et la concentration. Aussi, il est important de mettre de la musique à des moments stratégiques de la journée. Bien sûr, pas en permanence, car cela fatigue l'oreille et le cerveau.

Lorsque les enfants prennent le temps d'écouter un morceau de musique avant une nouvelle activité ou quand ils sont fatigués ou énervés, cela facilite l'attention et la concentration.

❍ *Mon expérience*

J'ai observé que la musique procure du plaisir à l'enfant. J'ai remarqué qu'au départ, l'enfant écoute la musique et cela peut le déconcentrer.

Néanmoins, la musique le calme, l'apaise. Petit à petit, il l'oubliera et se concentrera sur la tâche à accomplir. Mes élèves adorent être accueillis par Mozart chaque matin. Pendant les séances d'arts visuels, ils me réclament inlassablement *La marche turque*.

J'utilise la musique au quotidien dans ma classe pourtant, je ne suis pas du tout musicienne. N'hésitez donc pas à leur faire écouter de la musique, cela ne demande pas énormément de temps ni d'efforts. Soyez persévérant, la première fois, ils seront peut-être surpris. Acceptez toutes les réactions.

La musique exerce un pouvoir sur les enfants et sur le cerveau humain, il n'y a pas de doute à cela. La musique a une influence positive sur eux quand ils travaillent ou jouent. Elle les invite à mieux se concentrer. Quand Mozart n'est pas là le matin pour accueillir mes élèves, ils me le réclament !

Les chansons, les comptines aident les enfants non seulement à développer leur langage mais aussi à développer leurs capacités d'attention, leur mémoire et leur sens du rythme…

❍ ***À vous maintenant !***

- Munissez-vous d'un poste et de quelques CDs ou d'un lecteur MP3.
- Donnez éventuellement le nom du morceau écouté et du compositeur aux enfants.

N'hésitez pas à vous renseigner sur l'œuvre et l'auteur en question.

- Veillez au niveau sonore de la musique, elle doit être agréable pour l'enfant.
- Préparez vos CDs avant de commencer l'activité afin que les enfants ne relâchent pas leur attention lorsque vous mettez la musique.
- Tenez compte des enfants. S'ils n'aiment pas une musique, il est alors inutile d'insister. Cherchez plutôt celles qui leur plaisent et qui conviennent toujours à votre activité.

Voici une liste non exhaustive de musiques à écouter :

- Mozart, son œuvre complète.
- Haydn, *Symphonie n° 67 en Fa majeur.*
- Haydn, *Symphonie n° 69 en Si majeur.*
- Haydn, *Concerto n° 1 en Do majeur pour violon et cordes.*
- Haydn, *Concerto n° 2 en Sol majeur pour violon et cordes.*
- Vivaldi, *Les Quatre Saisons.*
- Vivaldi, *Cinq Concertos pour flûte et orchestre de chambre.*
- Vivaldi, *Concerto en Do pour flûte.*
- Vivaldi, *Concerto en Do pour hautbois.*
- Vivaldi, *Concerto en viole d'amore.*
- Bach, *Symphonie en Do majeur.*
- Bach, *Symphonie en Ré majeur.*

- Bach, *Fantaisie en Sol majeur.*
- Bach, *Fantaisie en Do mineur.*
- Haendel, *Le Water Music.*
- Haendel, *Concerto Grosso, op. 3, n°s 1, 2, 3, 5.*
- Haendel, *Concerto pour orgue et orchestre.*
- Corelli, *Concerto Grosso, op. 6, n°s 3, 5, 8, 9.*
- Corelli, *Concerto Grosso, op. 4, 10, 11, 12.*
- Beethoven, *Concerto n° 5 en Mi bémol majeur pour piano et orchestre (op. 73).*
- Beethoven, *Concerto en Ré majeur pour violon et orchestre.*
- Grieg, *morceaux pour piano, op. 12, 38, 43, 47.*

À savoir : il existe d'autres types de musique New Age comme celles créées par le musicien américain Steven Halpern qui aident à la concentration telle que *Music for Accelerated Learning.*

Comment ?

- Ne mettez pas de la musique en permanence.
- Créez des moments musicaux dans la journée.
- Écoutez un morceau de musique avant une nouvelle activité ou quand ils sont fatigués ou énervés.
- Faites chanter les enfants, cela leur apprend à être plus concentrés.
- Apprenez-leur de courtes chansons, chantez avec eux pour remobiliser leur attention.
- Faites-leur faire du rythme avec leur corps (taper dans les mains, sur les cuisses, avec les

pieds, etc.). Cela développe aussi leur capacité d'attention et de concentration.

Quand ?

- Pour accueillir les enfants le matin.
- Pour détendre les enfants.
- Pour finir la journée dans le calme et les inviter à quitter le lieu calmement.
- Pour soutenir une activité. Il s'agit alors de mettre un fond musical adapté pendant que les enfants font une activité de façon autonome ou en groupe.

Voici deux jeux de rythme à pratiquer

Jeu 1

- Dans le silence total.
- Frappez sur vos cuisses avec vos mains.
- Trouvez un tempo commun.
- Accélérez.
- Décélérez.
- De plus en plus fort.
- De moins en moins fort.
- Refaites la même chose sans le regard, retournez-vous.

Jeu 2

- Frappez des mains plusieurs fois (4, 5 fois) en variant le rythme.
- Les enfants répètent le rythme que vous venez de faire en frappant des mains.
- Recommencez plusieurs fois.

❍ *Bilan de la pratique : le chant, la musique*

Situation mise en place	Évaluation	Argumentation

Outil n° 4 : La communication bienveillante

❍ *En bref*

Capter l'attention des enfants, c'est aussi utiliser des mots qui les touchent, qu'ils comprennent. C'est aussi être attentif à leur état.

Pour être écouté, il faut aussi savoir écouter et trouver les mots justes avec ses enfants.

Pour être écouté, il est important d'avoir une attitude mais aussi un vocabulaire approprié. Savoir communiquer avec des enfants pour qu'ils nous écoutent est souvent un véritable défi. De nombreux auteurs, citons Thomas Gordon et Marshall Rosenberg, ont mis en place des outils efficaces pour faciliter le dialogue entre les êtres humains.

« Les paroles humiliantes détruisent des neurones », selon la pédiatre Catherine Gueguen[5]. En effet, des études scientifiques montrent qu'une relation bienveillante et empathique favorise le bon développement des enfants. Les liens créés par une relation bienveillante avec les enfants ont une influence positive sur les capacités d'apprentissage, de mémorisation et d'attention. Il est évident que des paroles humiliantes comme « T'es maladroit », « T'es vraiment nul », « Quel débile ! »... apportent tension, stress et empêchent toutes formes d'écoute et d'attention. Les oreilles se ferment, le cerveau se bloque !

Pour favoriser une communication bienveillante et donc une meilleure écoute, Marshall Rosenberg, psychologue humaniste américain (1934-2015), a mis en place dans les années 1960 le processus de la Communication NonViolente, dite « CNV ». Il s'agit de créer une qualité de lien avec soi et avec les autres. C'est un outil précieux pour améliorer la qualité de la communication avec les enfants et donc capter leur attention. La CNV repose sur quatre principes :

1. Observer la situation (mettre de côté ses préjugés).
2. Identifier ses sentiments (en lien avec la situation, l'autre n'est pas responsable de nos sentiments).
3. Identifier ses besoins (les sentiments que nous éprouvons correspondent à un besoin non satisfait).
4. Formuler une demande claire pour satisfaire ses besoins.

Cette méthode semble simple mais elle demande une bonne dose de pratique.

Quant à Thomas Gordon (1918-2002), docteur en psychologie clinique, sa méthode reprend les recherches sur la satisfaction des besoins de Maslow[6]. Reconnaître ses besoins, comprendre l'autre, s'affirmer dans une relation « gagnant-gagnant ». Adultes et enfants face à un problème trouvent une solution, il n'y a pas de perdants. Chacun a su exprimer ses besoins et tenir compte de ceux de l'autre. La méthode repose sur deux principes : l'utilisation du « Je » et l'écoute active fondée sur l'empathie et la reformulation.

L'empathie est une qualité qui s'acquiert et se développe. C'est la capacité à comprendre l'autre, comprendre ses intentions, sentir, percevoir ce qu'il ressent sans jugement. La meilleure façon de développer cette capacité est de pratiquer l'auto-empathie, c'est-à-dire accueillir ses propres sentiments ou émotions sans se culpabiliser.

La reformulation reprécise, avec ses propres mots, les idées ou besoins exprimés par autrui.

❍ *En quoi cet outil permet-il de capter l'attention des enfants?*

Notre attitude mais aussi notre discours sont importants pour capter l'attention d'un jeune public. Nos mots doivent être empreints d'humour, de dynamisme et de gaîté…

Selon certaines situations, il n'est pas nécessaire non plus de beaucoup parler. Un mot suffit parfois pour se faire comprendre et capter l'attention.

Le premier ouvrage du père de la CNV, ***Les mots sont des fenêtres… ou des murs,*** suffit à lui-même pour dire combien les mots sont importants. Ouvrir des fenêtres c'est capter l'attention, c'est être écouté…

Il est nécessaire d'être ferme.

Il est important de combiner communication verbale et non verbale. Le discours doit être clair, précis et court!

- Utilisez l'humour. L'humour sert à dédramatiser bien des situations et rend les enfants plus attentifs. Cultivez votre sens de l'humour.
- Ayez de la compassion.
- Ayez de l'empathie (et de l'auto-empathie).
- Soyez tolérant.

- Soyez respectueux.
- Soyez inventif, créatif.
- Sachez exprimer vos besoins.
- Choisissez des mots justes.
- Soyez explicite.
- Soyez bref.
- Bannissez les menaces, les humiliations qui ferment les canaux de l'écoute.
- Explicitez vos attentes.
- Dites : « Je » et non « Il faut » ou « Tu dois… »

❍ ***Mon expérience***

C'est magique !

J'ai constaté que les ordres ont tendance à boucher les oreilles des enfants. *Fais ci* ou *fais ça*… Ils n'écoutent pas, se crispent. L'humour, la surprise, la prise en compte de leurs émotions les rendent beaucoup plus réceptifs.

Je me souviens de cet enfant qui, après la récréation, est entré en trombe dans la classe en flanquant violemment la porte. Je suis persuadée que si je l'avais réprimandé, les choses auraient empiré ! Je me suis approchée de lui et lui ai dit : « Je vois bien que tu sembles en colère, même très en colère. J'ignore les raisons. Tu peux me les écrire ou me les dessiner sur une feuille. Maintenant, je te demande de bien te comporter car j'ai besoin de passer un bon après-midi avec tous les élèves ici présents. » Comme par magie, l'enfant s'est calmé. J'avais pris en compte son sentiment…

Je me souviens aussi de l'état de la cuisine en rentrant chez moi un soir (évier rempli de vaisselle sale, farine, coquilles d'œuf... sur le plan de travail et sur le sol). Mes enfants étaient vautrés sur le canapé. J'aurais pu hurler, proférer des menaces. À la place, j'ai préféré « faire du théâtre », j'ai joué un rôle : « *Allô, allô ici Mary Poppins, j'ai besoin d'aide pour remettre en état la cuisine... ben oui, Conchita a oublié de faire son travail.* »

Souriants, ils sont venus m'aider. Le jeu, l'humour... mobilisent l'attention des enfants. Mais là encore, il faut savoir jongler.

Bien communiquer relève de l'art. Pour capter l'attention des enfants, il est bon d'être authentique, d'exprimer ses besoins et de prendre en compte l'état émotionnel de l'enfant à qui l'on s'adresse. L'humour est un outil mais là encore, il faut savoir doser, au risque de le galvauder. Parlez peu, parlez juste, soyez explicite !

❍ ***À vous maintenant !***

Pour capter l'attention :

- prenez une voix douce, gentille ;
- incitez à plus d'écoute avec un ton de voix calme et posé ;
- pensez à ce que l'enfant ressent ou faites exprimer l'enfant sur ce qu'il ressent ;
- essayez de sourire ;
- soyez réaliste ;

- ayez de l'humour sans être sarcastique ;
- parlez peu, parlez juste ;
- soyez explicite dans vos demandes ;
- bannissez certaines expressions toutes faites et malveillantes.

Voici quelques exemples :

Ne dites pas	Dites	Pourquoi ?
Calme-toi !	***Oh là là, on la sent jusqu'ici cette colère…***	L'humour dédramatise.
Tes chaussures traînent dans le couloir, tu pourrais penser aux autres…	***Tes chaussures !***	Parlez peu. Montrez (par exemple, les chaussures) pour rappeler vos attentes. Évitez de faire la morale…
Tu n'as pas rangé ta chambre !!	***Je suis déçu(e) de voir ta chambre en désordre, je ne peux pas passer l'aspirateur…***	Le « Je » permet à l'enfant de comprendre pourquoi on désapprouve son attitude.
Tu es désordonné !	***Ce n'est pas agréable pour moi de voir tes affaires éparpillées dans le salon, tu m'aides à ranger, d'accord ?***	Évitez le jugement. Constatez mais ne jugez pas.
Tu laisses toujours tout traîner, j'en ai ras le bol de ce bazar…	***Je suis fatigué(e) de ce désordre, J'ai besoin que cette pièce soit bien rangée. Qu'en penses-tu ? Ça serait super que tu prennes le temps de ranger maintenant !***	Il s'agit ici d'une demande et non d'une exigence. Le « Je » donne envie de changer…

Ne dites pas	Dites	Pourquoi?
Vous m'énervez!	***Je suis énervé(e) par votre attitude!***	Il est préférable d'exprimer son ressenti plutôt que d'accuser…
Mets la table!	***J'aimerais que tu mettes la table. Ou J'ai besoin de petites mains pour m'aider à mettre la table.***	Exprimez explicitement votre besoin sans donner l'impression qu'il s'agit d'un ordre.

❍ *Bilan de la pratique: la communication bienveillante*

Situation mise en place	Évaluation	Argumentation

Outil n° 5: Les cartes mentales

❍ *En bref*

Le terme de carte mentale est une traduction de l'anglais *mind map*. Le psychologue britannique

Tony Buzan est l'auteur de ce concept qui s'est développé dans les années 1970.

Il s'agit d'un outil qui aide à cerner et à organiser tout ce que l'on sait déjà sur un sujet (sorte de brainstorming) ou permet de résumer de manière graphique une nouvelle notion. Une carte représente la manière dont on pense. Elle permet à l'enfant d'être autonome, de réviser, de résumer…

La carte mentale se construit comme un arbre. Au milieu se trouvent le sujet principal, des branches et des ramifications pour les idées secondaires. Il s'agit de schématiser le sujet. Il est possible d'y intégrer des photos ou des dessins.

❍ *En quoi la carte mentale permet-elle de capter l'attention des enfants ?*

Son aspect ludique, créatif et coloré, la réactivation des connaissances, la mobilisation des savoirs fraîchement acquis, l'organisation et la structuration des concepts améliorent considérablement les qualités d'attention, de compréhension, de mémorisation, de réflexion et d'imagination. Elle permet à l'enfant de rester centré sur le sujet.

❍ *Mon expérience*

La création de la carte mentale suscite beaucoup d'enthousiasme. Les couleurs multiples, les dessins, le fait que chaque carte soit personnalisée et unique motive l'enfant et accapare toute son attention. Il a à cœur de faire une belle carte, originale qui reprend les concepts clefs à mémoriser. Ces cartes ont d'autres vertus : elles aident à la mémorisation, elles permettent à l'enfant d'apprendre plus vite et mieux sans le fatiguer. Il apprend tout en prenant du plaisir. Dans un premier temps, il faudra guider l'enfant à réaliser sa carte. En général, pour faire comprendre cette organisation arborescente, l'image d'un arbre est parlante. L'idée centrale est le tronc d'où partent les grosses branches sur lesquelles se développent des branches plus petites.

❍ ***À vous maintenant !***

Quand ?

- En autonomie ou en collectif.
- Pour réviser avant un contrôle.
- Pour faire le point sur des notions antérieures (petit rappel de connaissances...).
- Pour élaborer une trace écrite d'une leçon.
- Pour organiser la journée.

Comment ?

Les principes ci-dessous ne constituent qu'un guide pour construire une carte mentale efficace. Vous pouvez les modifier en fonction de vos besoins.

- Utilisez de préférence une feuille sans ligne au format paysage.

- Écrivez le thème de la carte au centre de la page.
- Placez la première branche à 1 h 05, puis les autres dans le sens des aiguilles d'une montre.
- Changez de couleur pour chaque branche.
- Utilisez des mots-clefs posés sur les branches.
- Dessinez ou collez des images.
- Jouez sur la taille des mots.
- Tracez ensuite les branches secondaires qui portent les idées se rapportant au thème.
- Remplissez l'espace de la feuille de façon équilibrée.

Les cartes mentales peuvent être manuscrites ou dactylographiées.

Voici deux modèles de carte mentale :

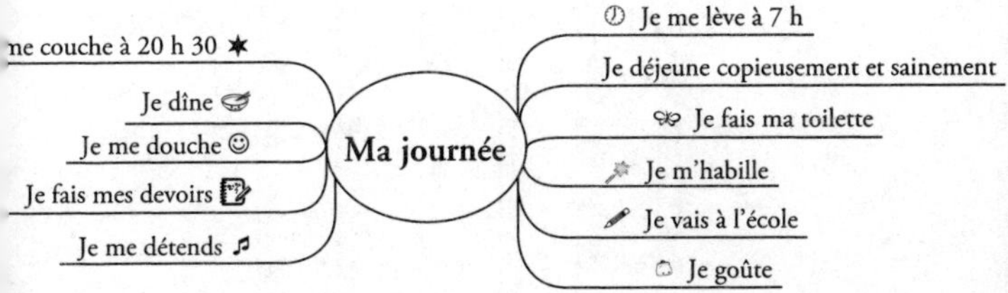

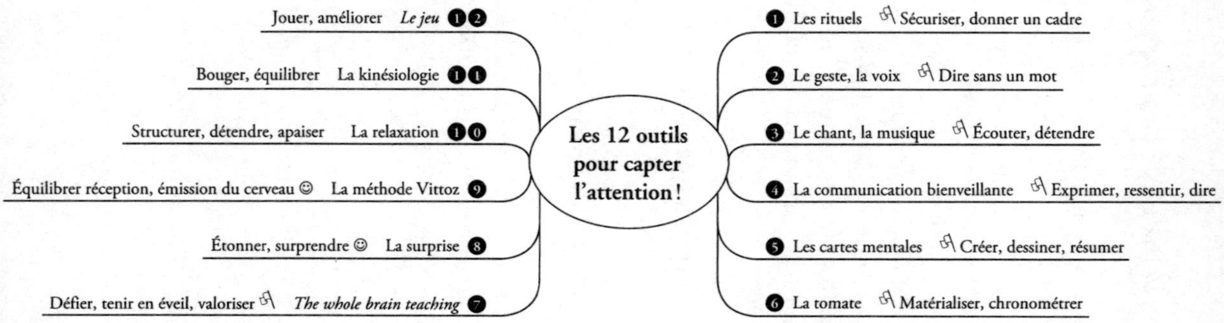
Les 12 outils pour capter l'attention !
1 Les rituels Sécuriser, donner un cadre
2 Le geste, la voix Dire sans un mot
3 Le chant, la musique Écouter, détendre
4 La communication bienveillante Exprimer, ressentir, dire
5 Les cartes mentales Créer, dessiner, résumer
6 La tomate Matérialiser, chronométrer
7 The whole brain teaching Défier, tenir en éveil, valoriser
8 La surprise Étonner, surprendre ☺
9 La méthode Vittoz Équilibrer réception, émission du cerveau ☺
10 La relaxation Structurer, détendre, apaiser
11 La kinésiologie Bouger, équilibrer
12 Le jeu Jouer, améliorer

❍ *Bilan de la pratique : la carte mentale*

Situation mise en place	**Évaluation**	**Argumentation**

Outil n° 6 : La technique de la tomate

❍ *En bref*

La technique de la tomate appelée *Pomodoro* est une technique de planification développée par un Italien Francesco Cirillo à la fin des années 1980. Cette méthode se base sur l'usage d'un minuteur permettant de respecter des périodes de 25 minutes appelées *pomodori* (qui signifie en italien « tomates »). Ces différentes périodes de travail sont séparées par de courtes pauses. La méthode *Pomodoro* doit son nom au minuteur de cuisine en forme de tomate qui a été le premier utilisé par le créateur de cette méthode lorsqu'il était étudiant à l'université. **La méthode a pour principale**

idée que des pauses régulières favorisent l'agilité intellectuelle et aident à capter l'attention sur la tâche à effectuer !

La technique se présente sous la forme de cinq étapes :

1. décider de la tâche à effectuer ;
2. régler le minuteur sur 25 minutes ;
3. travailler sur la tâche jusqu'à ce que le minuteur sonne ;
4. prendre une courte pause (5 minutes) ;
5. tous les quatre *pomodori,* prendre une pause un peu plus longue (15-20 minutes).

❍ *En quoi cet outil permet-il de capter l'attention ?*

Les élèves captent plus facilement leur attention car ils savent que la tâche est chronométrée. Après, laisser du temps aux enfants pour souffler un peu, discuter mais pas trop… surtout se reposer.

Pour les enfants qui ne supportent pas le silence, le bruit du minuteur les rassure.

❍ *Mon expérience*

Cet outil est très pratique. Bien sûr, il faut régler le minuteur en fonction des besoins et de l'âge des enfants.

Je l'utilise aussi lors d'un travail de groupe. Les élèves ont une tâche à accomplir dans un temps déterminé qui est matérialisé par le minuteur. Quand je travaille avec un groupe d'élèves et que je ne souhaite pas être interrompue par d'autres, le minuteur les informe à quel moment ils pourront me solliciter (dans 10 ou 20 minutes). Pendant le temps indiqué par le minuteur, je lance des défis : interdiction de parler, copier un texte sans erreur, réciter des tables de multiplication, faire les leçons…

❍ ***À vous maintenant !***

- Munissez-vous d'un minuteur !
- Réglez le temps en fonction de l'activité et bien sûr de l'âge des enfants.
- Décrivez précisément la tâche à exécuter durant le temps imparti.
- Accordez un temps de pause de 5 minutes après cette activité.
- Recommencez plusieurs fois si nécessaire.

Quand ?

- Pour réaliser un travail autonome ou en groupe.
- Pour limiter le temps d'exécution d'une tâche.
- Pour encourager l'enfant (pause toutes les 25 minutes).
- Pour exécuter les devoirs scolaires le soir à la maison.
- Pour jouer collectivement en un temps déterminé.

❍ *Bilan de la pratique : la technique de la tomate*

Situation mise en place	Évaluation	Argumentation

Outils n° 7 : *Le Whole Brain Teaching*

❍ *En bref*

Créé par Chris Biffle, le *Whole Brain Teaching*, est tout d'abord un outil pour gérer une classe. Cet outil peut cependant s'appliquer pour gérer un groupe d'enfants, voire un seul enfant.

Chris Biffle fait des conférences partout aux États-Unis. Beaucoup de ressources sur le *Whole Brain Teaching* sont disponibles gratuitement en ligne.

L'objectif de sa méthode est que l'enfant reste engagé dans son activité. L'idée principale de cet outil est que l'attention de l'enfant doit toujours être maintenue, quoi qu'il arrive, ou réactivée quand il semble s'égarer…

Sa méthode repose sur 5 règles et diverses composantes :

1. j'applique les consignes très vite ;
2. je lève la main pour parler ;
3. je lève la main pour me lever ;
4. je donne le meilleur de moi-même ;
5. je garde mon enseignant(e) (éducateur/trice) heureux(se).

❍ *En quoi cet outil permet-il de capter l'attention des enfants ?*

Cet outil éveille toutes les zones du cerveau. Il oblige l'enfant à rester éveillé, acteur aussi, maintient-il toute son attention. Cet outil est un véritable jeu qui rend l'enfant actif !

❍ *Mon expérience*

Extraordinaire !! Les enfants sont actifs et semblent y trouver leur compte !

❍ *À vous maintenant !*

Je vous propose ici les règles et les composantes de cette méthode à adapter en fonction de vos besoins. Cet outil s'applique à l'école mais peut aussi s'appliquer aisément dans diverses structures. Il suffit de changer quelques mots.

- Faites apprendre les 5 règles.
- Associez ces règles à des gestes.

- Faites répéter régulièrement ces règles afin qu'elles deviennent automatiques.
- Affichez-les dans la salle.
- Dites **le numéro** de la règle qui n'est pas respectée par un enfant, le reste du groupe répète la règle non appliquée par l'enfant en question.

Exemple : L'adulte dit : « Règle n° 2. »

Les enfants disent : « Je lève la main pour prendre la parole. »

L'enfant se rappelle alors que pour parler, il est impératif de lever la main.

❍ *La méthode et ses outils*

Cette méthode se compose de 5 outils développés ci-dessous. Vous pouvez utiliser l'ensemble de ces outils ou mettre en place, seulement, ceux qui vous conviennent le mieux ou correspondent à vos besoins.

❶ Mains et yeux : la position d'écoute.

– Dites aux enfants : « **Mains et yeux** » ou « *Class* ? » (voir ci-dessous) et ils doivent vous regarder en position d'écoute c'est-à-dire les mains croisées. S'ils sont assis, les pieds sont alors à plat au sol, le dos droit mais pas cambré.

❷ *Class ? Yes !* Pour appeler les enfants et capter leur attention.

– Dites : « *Class ?* » (ou « Classe » ou « Groupe ») et les enfants doivent répondre : « *Yes* » (ou « Oui »…).

– Variez le ton de votre voix (grave, aiguë, chuchoter, crier…). Les enfants répondent : « *Yes* » de la même manière que vous avez dit : « *Class* ». Le silence est immédiat. Ils sont attentifs, même les plus petits ! Ils se mettent en position d'écoute.

❸ Miroir Miroir

– Dites : « Miroir Miroir ». À partir de ce moment (convenu au préalable), les enfants répètent tout ce que vous dites.

❹ Enseignez (expliquez) ! OK !/Changez ! OK !

Une fois la consigne ou la notion expliquée :

– Dites aux enfants : « *Teach* » (ou « Enseignez » ou encore « À vous ! »). Ils répondent « *OK!* » Ils se mettent deux par deux. Celui qui est à droite explique à celui qui se trouve à gauche (adapter selon besoins). Après quelques instants, dites « Changez ! » et ils répondent « *OK!* », les rôles sont intervertis…

❺ Le tableau de bord des récompenses : le *scoreboard*

Cet outil permet de maintenir les enfants motivés pour effectuer les exercices présentés ci-dessus. Il se présente ainsi :

☺	☹

Ce tableau comporte deux colonnes, une positive et une négative. Chaque fois que le groupe répond aux attentes, il marque un point dans la partie positive et inversement. Mettre un bâton dans la colonne positive quand le défi est atteint ou dans la colonne négative si le défi ou les attentes ne sont pas atteints. Je vous conseille de plastifier le *scoreboard* ou de le glisser dans une pochette plastique et de marquer les points avec un feutre effaçable.

Fixez le nombre de points à atteindre et récompensez le groupe quand l'objectif est atteint ou comptez les points à la fin de chaque semaine.

La récompense peut être un temps de lecture offert, une pause plus longue, une séance de cinéma, un jeu collectif, une sortie…

Il est possible de s'inspirer de cette méthode même avec peu d'enfants. Même à la maison, on peut se servir du *scoreboard* et du système de récompense. Il est important de fixer les règles au préalable avec l'enfant. Le *scoreboard* peut être affiché dans la cuisine ou une autre pièce. Comptez les points à la fin de la semaine et récompensez l'enfant s'il a atteint plus de bâtons dans la colonne positive. Voici quelques exemples de défis à atteindre. Fixez peu de défis au départ.

- Je range mes chaussures dans le placard, le soir en rentrant.
- Je fais mes leçons dans un temps imparti.
- Je range ma chambre le samedi matin.
- Je ne ronchonne pas…
- Je donne le meilleur de moi-même…

❍ *Bilan de la pratique : Le Whole Brain Teaching*

Situation mise en place	Évaluation	Argumentation

Outil n° 8 : La surprise

❍ *En bref*

La surprise : « **État de quelqu'un qui est frappé par quelque chose d'inattendu…** » définition du Larousse[7] !

En ce qui concerne cet outil, il n'existe aucune méthodologie particulière ni de véritable approche scientifique. Néanmoins, des études, dans le domaine des neurosciences, notamment, démontrent que l'inattendu, la surprise attisent la curiosité et captent davantage l'intérêt. La curiosité rend heureux et facilite l'apprentissage. Le goût de la mise en scène, du jeu, l'humour, l'imagination et la créativité sont des atouts indéniables à exploiter et à développer pour créer « la surprise ».

❍ *En quoi cet outil permet-il de capter l'attention des enfants ?*

Parce que ce n'est pas comme d'habitude, c'est différent, on capte l'attention des enfants. Ils sont happés, surpris, bouche bée. Tous leurs sens sont sollicités. Ils ne veulent pas perdre une miette de ce que vous racontez !

❍ *Mon expérience*

Les enfants se régalent de toutes nouveautés quand celles-ci sont bien préparées et organisées. Ces surprises doivent être cadrées pour éviter toute dispersion. Elles ne doivent pas être répétitives bien sûr !

❍ ***À vous maintenant !***

Voici quelques idées pour créer la surprise :

- chantez la consigne, l'information à donner ;
- mimez la consigne… ;
- déguisez-vous ;
- contez/racontez des histoires qui contiennent des informations importantes à repérer.

❍ ***Bilan de la pratique : la surprise***

Situation mise en place	**Évaluation**	**Argumentation**

Partie 2

Des outils pour apprendre à être attentif

Exercices pratiques

Outil n° 9 : La méthode Vittoz
Outil n° 10 : La relaxation
Outil n° 11 : La kinésiologie/Le Brain Gym
Outil n° 12 : Le jeu

Outil n° 9 : La méthode Vittoz

❍ *En bref*

Cette méthode a été élaborée par un médecin suisse nommé Roger Vittoz (1863-1925) à la fin du XIXe siècle. Fatigué, sans vigueur des suites d'une scarlatine, il met en place sa méthode. En constatant les effets positifs de sa méthode, Vittoz l'applique alors à ses patients. Jusqu'à sa mort, il soignera, soulagera et même guérira des malades dits incurables à l'aide de celle-ci. Cette méthode est encore utilisée aujourd'hui pour soigner le stress, la nervosité, la fatigue, le mal-être et le manque de concentration. Elle s'adresse autant aux adultes qu'aux enfants.

Elle permet **d'augmenter les capacités d'écoute/d'attention par un rééquilibrage des deux fonctions du cerveau : recevoir et émettre.** Néanmoins, le cerveau ne peut émettre et recevoir en même temps sinon il y a déséquilibre. Le but de cette méthode est d'établir l'équilibre entre ces deux fonctions.

En effet, l'enfant (autant qu'un adulte d'ailleurs) ne contrôle pas toujours ses pensées. Des idées parasites l'envahissent et il a beaucoup de difficultés à les chasser. C'est souvent le cas après la récréation ou après un long week-end un peu trop festif… Cela se traduit par des difficultés d'attention. Son cerveau n'a plus de place dans ce cas-là pour recevoir de nouvelles informations. Il est dans un état d'émissivité qui parasite toute possibilité de recevoir de nouvelles informations. Cette méthode, constituée d'exercices simples, a été conçue pour entraîner petit à petit l'esprit à se concentrer.

Il s'agit d'une méthode de rééducation psychologique fondée sur la réceptivité psychosensorielle. Concrètement, cette méthode consiste, au moyen d'exercices simples et facilement applicables dans la vie de tous les jours, à rétablir l'équilibre cérébral pour accroître ses facultés et son bien-être. Par exemple, manger une pomme en pleine conscience ; accueillir (= sentir) les différentes sensations que cela procure au niveau de ses 5 sens.

Pour une plus grande efficacité, il est important de les pratiquer régulièrement.

❍ *En quoi cet outil permet-il de capter l'attention des enfants ?*

Cette méthode est ludique. En pratiquant les exercices, l'enfant est totalement attentif à ce qu'il fait. Ces exercices, qui permettent de développer ses capacités d'écoute, rendent de toute évidence l'enfant plus attentif !

❍ *Mon expérience*

Je propose ces exercices avant une nouvelle activité. Je commence par un retour au calme (relaxation, rythme, chants).

J'aborde ces exercices comme un petit jeu. Les enfants adhèrent souvent facilement. Je pratique aussi ces exercices en petit groupe lors du soutien scolaire. J'ai vu une amélioration de leur écoute fulgurante…

Avant de faire leurs devoirs, les enfants peuvent aussi pratiquer ces exercices.

❍ ***À vous maintenant!***

- Proposez à l'enfant ou à un groupe d'enfants les exercices quotidiens ci-dessous.
- Pratiquez quelques respirations ou quelques exercices de rythme pour une mise au calme avant de pratiquer les exercices.
- Adoptez la posture suivante pour servir de modèle aux enfants: assis, dos droit mais pas cambré, pieds à plat au sol.
- Faites chaque série (il y a 3 séries de 3 exercices) pendant 3 ou 4 jours puis passez à la série suivante.
- Adoptez une voix calme et posée.

SÉRIE 1

Chaque exercice dure environ 10 secondes. Ils boosteront l'attention et la concentration de l'enfant.

Exercice n° 1

- Fermez les yeux.
- Imaginez une route bordée de chaque côté de rangées d'arbres.
- Regardez les arbres les plus proches de vous et suivez du regard les arbres de chaque côté

jusqu'à ce que les arbres deviennent de plus en plus petits et se fondent en un seul point à l'horizon.

Exercice n° 2

- Les yeux ouverts, avec l'index de la main droite, tracez dans l'espace le signe de l'infini (huit couché) en partant du centre.
- Faites ensuite la même chose avec votre main gauche.
- Refaites la même chose les yeux fermés.
- Toujours les yeux fermés, tracez mentalement ce signe à droite puis à gauche sans bouger les mains.

Exercice n° 3

- Accrochez au tableau ou sur un mur 5 photos représentant des objets (livre, téléphone, ciseaux, ballon…) ou encore placez sur une table 5 objets.
- Placez-les les uns après les autres.
- Retirez-les en commençant par le dernier posé.
- Fermez les yeux.
- Refaites cet exercice mentalement : voyez les objets placés les uns après les autres puis retirez-les, les uns après les autres.

SÉRIE 2

(passez à la série 2 après avoir pratiqué la série 1 pendant 3-4 jours ou quand l'enfant réussit parfaitement la série 1).

Exercice n° 1

- Imaginez derrière vos paupières fermées un tableau (vert ou blanc). Comme celui de la classe, par exemple.
- Imaginez-vous en train d'écrire sur ce tableau le chiffre 1 puis le chiffre 2 et le chiffre 3.
- Quand vous les voyez bien tous les trois, effacez mentalement le 3, puis le 2 et enfin le 1.

Exercice n° 2

- Fermez les yeux.
- Imaginez-vous écrivant sur un tableau le mot : **PARIS.**
- Effacez le S, le I, le R, le A et le P.

Exercice n° 3

- Fermez les yeux.
- Imaginez une fleur en bouton.
- Voyez la fleur s'ouvrir doucement et s'épanouir totalement dans un mouvement lent et régulier.
- Détendez-vous.
- Sentez-vous vous épanouir en même temps que la fleur ?

SÉRIE 3

Exercice n° 1

- Fermez les yeux.
- Imaginez un enfant sur une balançoire.
- Suivez le mouvement de la balançoire qui va et vient.
- Continuez à suivre le mouvement de la balançoire qui devient de plus en plus lent jusqu'à l'arrêt complet.

Exercice n° 2

- Fermez les yeux.
- Respirez lentement.
- Comptez 1 à la première inspiration, 2 à la première expiration, 3 à la deuxième inspiration, 4 à la deuxième expiration… jusqu'à 20.

Exercice n° 3

- Fermez les yeux.
- Détendez-vous.
- Respirez lentement une dizaine de fois, en essayant de ne penser à rien d'autre.

❍ *Bilan de la pratique : la méthode Vittoz*

Situation mise en place	Évaluation	Argumentation

Outil n° 10 : La relaxation

❍ *En bref*

Il existe différentes méthodes de relaxation. Leur but commun est le bien-être physique, mental et émotionnel. Parmi ces méthodes, la sophrologie a été élaborée dans les années 1960 par le neuropsychiatre colombien (d'origine espagnole) Alfonso Caycedo. Cette technique fait la synthèse entre des techniques occidentales (hypnose) et orientales (méditation, yoga, zazen…). La première école de sophrologie est l'école caycédienne, mais il existe aujourd'hui plusieurs courants et écoles. La sophrologie allie respiration, détente musculaire et visualisation.

Quant au yoga, il s'agit d'une discipline ancestrale (4 000 à 5 000 ans avant J.-C.) d'origine indienne. En sanskrit, yoga signifie : joindre, union, joug. Cela traduit l'idée d'une harmonie intérieure, d'une union entre le corps, l'esprit et les énergies. Le yoga permet de relaxer le corps et le mental. Il nous permet d'apprendre à respirer correctement et aussi à se concentrer.

❍ ***En quoi cet outil permet-il de capter l'attention des enfants ?***

Les séances permettent à l'enfant de se relâcher, de prendre conscience de son corps et de sa respiration, d'être dans l'ici et maintenant et de se préparer à écouter.

Quand l'enfant est plutôt énervé, nous pratiquons des séries de respirations pendant lesquelles l'expiration est plus longue. Quand l'enfant est mou, nous pratiquons des respirations plus dynamisantes.

La relaxation permet aussi à l'enfant de se débarrasser d'émotions négatives qui parasitent son attention. Elle lui permet aussi de créer des ancrages pour améliorer la confiance en lui…

Cette méthode a un effet apaisant sur le plan émotionnel, elle permet de focaliser l'attention et aide à être dans l'instant présent. Elle apprend aussi à maîtriser sa respiration. Qui maîtrise son souffle, maîtrise ses émotions.

La relaxation axée sur la respiration permet de faciliter la détente musculaire, elle augmente la disponibilité et la concentration de l'enfant. Elle permet aussi la circulation des énergies en diminuant les tensions parasites et stimule l'énergie.

Ces pratiques de relaxation proposées aux enfants les rendent plus disponibles dans leur corps. Elles permettent aussi de créer des ruptures dans les apprentissages, les rendant plus attentifs pour la suite. **Les séances doivent être courtes, 5 à 6 minutes c'est suffisant.**

❍ *Mon expérience*

Voilà des années que je pratique des micro-séances de relaxation dans ma classe et auprès de mes propres enfants. Les premières séances étaient peu probantes et j'aurais pu vite abandonner. Pourtant, aujourd'hui, quand je me rends compte des effets positifs sur les enfants, je me félicite de n'avoir pas lâché. Ils aiment ces moments et me les réclament.

Les exercices proposés ici sont très simples. Ils utilisent la respiration comme support au développement de l'attention et de la concentration. En effet, la base d'une bonne attention ou concentration réside dans la respiration. Afin de rassembler son mental, il est nécessaire d'apprendre à se poser et respirer en ne pensant qu'à son souffle.

À raison de quelques minutes par jour, vous obtiendrez très vite de bons résultats ! Le mieux est d'essayer de faire un exercice tous les jours.

Soyez persévérant !

❍ *À vous maintenant!*

Voici quelques pratiques à mettre en place avec un enfant ou un groupe d'enfants. La base de chaque exercice réside dans la respiration. Le but est de rassembler son mental et son corps en commençant par se poser et respirer pour accroître ses capacités d'attention. Après ces exercices, ils seront plus disponibles pour écouter ou travailler.

- Proposez un exercice par jour en fonction des besoins du ou des enfants. Ces exercices ont sensiblement le même but, j'en propose plusieurs afin de varier les séances.
- Pratiquez ces séances dans un endroit où vous ne serez pas dérangés et agréable. Créez votre lieu de relaxation.
- Expliquez aux enfants comment fonctionne notre système respiratoire.

À l'inspir (intérieur), l'air entre par le nez ou la bouche puis va jusqu'aux poumons. Le ventre se gonfle comme un ballon de baudruche.

À l'expir (extérieur), l'air sort par le nez ou la bouche, le ventre se dégonfle.

La salutation au travail[8] (avant l'acquisition de nouvelles compétences ou avant de faire ses devoirs)

- Assis devant une table de travail, le dos droit mais pas cambré, les mains posées sur le bureau.

- Commencez par souffler par la bouche.
- Inspirez par le nez, gonflez le ventre, le thorax, les épaules tout en levant les bras vers le ciel.
- Soufflez par la bouche, fléchissez les bras et ramenez les poings derrière la tête.
- Inspirez par le nez, toujours les poings derrière la tête, étirez les coudes vers l'arrière.
- Expirez en se penchant en avant vers votre bureau, les poings toujours derrière la tête.
- Inspirez, revenez à la position initiale et recommencez 2 autres fois.
- Faites cet enchaînement lentement avec les enfants.

La salutation au repos ou relax éclair (pour se relaxer à tout moment sans quitter sa place)

- Posez vos bras sur la table, les mains l'une sur l'autre.
- Posez le front ou la joue sur les mains.
- Écoutez la musique ou le tic-tac de la pendule ou du minuteur (pendant 5 à 6 minutes)
- Étirez-vous, bâillez…

Le souffle apaisant (pour être apaisé)

- Soufflez.
- Inspirez par le nez en comptant jusqu'à 3.
- Soufflez lentement en imaginant une petite plume (ou une bulle de savon) qui vole grâce à votre souffle et qui s'éloigne peu à peu.

- Suivez la plume le plus longtemps possible en soufflant doucement (ou la bulle de savon jusqu'à ce qu'elle éclate).
- Recommencez au moins 3 fois de suite ou plus si nécessaire.

Chut
- Inspirez profondément.
- Bloquez le souffle en portant l'index devant votre bouche comme pour dire : « Chut »
- Expirez lentement en disant : « Chut » et en éloignant votre doigt de votre bouche jusqu'à ce que vous ne sentiez plus d'air sur votre doigt.

Le gros ballon
- Debout ou assis.
- Placez une main sur le ventre et l'autre sur la poitrine.
- Inspirez comme si vous vouliez respirer avec vos deux mains.
- Sentez votre corps qui se gonfle comme un ballon, gonflez votre ventre.
- Expirez, le ballon/le ventre se dégonfle.
- Sentez les mouvements du ventre et de la poitrine sous vos mains.
- Recommencez au moins 3 fois de suite.

Le pantin (pour réchauffer, redynamiser)
- Debout ou assis.
- Inspirez.

- Gonflez votre ventre.
- Levez les épaules, les bras le long du corps.
- Bloquez votre souffle.
- Haussez les épaules de haut en bas une dizaine de fois (les bras toujours le long du corps).
- Expirez.
- Recommencez plusieurs fois de suite.

Relax-express (pour se décharger d'émotions négatives et refaire le plein d'énergie)

- Parlez doucement et lentement.
- Laissez du temps aux enfants pour visualiser.
- Assis devant le bureau (l'enfant peut mettre sa tête dans ses bras).
- Fermez les yeux.
- Écoutez votre respiration.
- Sentez vos bras qui deviennent lourds, tout lourds.
- Sentez vos jambes qui deviennent lourdes, toutes lourdes.
- Tout votre corps est lourd et détendu.
- Imaginez un ciel bleu avec des nuages, des petits et des gros nuages. Dans ce ciel bleu, vous voyez un nuage noir ou gris, totalement noir ou totalement gris. Ce nuage contient tous vos soucis, vos ennuis, vos préoccupations (laissez du temps).
- Soufflez sur ce nuage, voyez ce nuage disparaître petit à petit, soufflez dessus jusqu'à ce que vous ne le voyiez plus…

- Allez-y, soufflez sur vos soucis, vos ennuis, vos peurs, vos chagrins.
- Soufflez sur ce nuage pour ne plus le voir du tout. Soufflez. Vos soucis disparaissent, vous êtes libéré de vos préoccupations.
- Voyez maintenant un beau soleil, bien lumineux, sentez les rayons du soleil vous réchauffer. Vous vous chargez d'énergie.
- Vous êtes bien, détendu, plein d'énergie, prêt à accomplir tout ce que vous avez à accomplir dans le calme et la détente. Vous êtes bien, bien, vous sentez les rayons du soleil vous réchauffer… vous donner de l'énergie.
- Reprenez conscience de votre corps, assis sur la chaise.
- Voyez (visualisez) la salle où vous vous trouvez maintenant.
- Bougez lentement votre corps.
- Faites trois grandes respirations.
- Étirez-vous.
- Ouvrez les yeux, vous êtes en pleine forme !

❍ *Bilan de la pratique : la relaxation*

Situation mise en place	Évaluation	Argumentation

Outils n° 11 : La kinésiologie éducative/Le Brain Gym

❍ *En bref*

Le Brain Gym est une branche de la kinésiologie. Il a été créé par le docteur Paul Dennison aux États-Unis et introduit en France dans les années 1980. Il s'agit d'un ensemble de 26 mouvements (disponible sur le site de Brain Gym France), issu de l'éducation kinesthésique[9], permettant d'améliorer ses capacités dans toutes les tâches de la vie quotidienne : apprentissage, mémoire, concentration, organisation…

Cette gymnastique du cerveau (brain gym) est ludique et peut être utilisée par les enfants comme par les adultes, à l'école, à la maison ou autre à chaque fois que l'on doit mobiliser son attention.

Il s'agit d'une série d'exercices corporels simples conçus pour améliorer les apprentissages et apaiser. Ces exercices peuvent être pratiqués par tous à n'importe quel moment de la journée. Ils permettent de rester centré et de rester à l'écoute toute la journée sans effort.

Le Brain Gym propose d'utiliser le corps pour mieux apprendre. Certains mouvements proposés aident à évacuer les tensions pour mieux se concentrer, d'autres favorisent la compréhension et la mémoire en stimulant les deux hémisphères du cerveau ou encore peuvent aider à mieux lire, écrire ou gérer ses émotions…

Le cerveau est en effet divisé en deux hémisphères : le droit est la zone la plus créative et le gauche est la zone la plus rationnelle. La gymnastique du cerveau est composée de mouvements qui vont permettre aux deux cerveaux de fonctionner simultanément. Ainsi, stimuler les deux hémisphères peut accomplir la tâche souhaitée.

❍ *En quoi cet outil permet-il de capter l'attention des enfants ?*

Apprendre en bougeant…

Il s'agit d'une approche différente pour développer leurs capacités d'attention. Tout le corps est sollicité. L'enfant a besoin de bouger pour s'épanouir. Bien choisis, ces mouvements accroîtront ses capacités d'attention. Les mouvements proposés stimulent les deux hémisphères du cerveau rendant ce dernier plus performant!

❍ *Mon expérience*

Les enfants adorent bouger entre deux activités qui demandent beaucoup d'attention. Je pratique avec mes élèves tout particulièrement la marche croisée: ce mouvement consiste à bouger alternativement bras et jambes opposés. Lever le genou et le toucher avec la main opposée ou le coude en alternant, une dizaine de fois.

Cette méthode les calme, les recentre et leur donne la concentration nécessaire pour accomplir une activité. Je vous conseille vivement de pratiquer ces mouvements avec eux, ils apprécieront et vous en ressentirez rapidement les bienfaits!

❍ *À vous maintenant!*

Quand?

- Avant de commencer une activité.
- Pendant une activité pour soutenir l'effort.
- Après une activité pour se détendre.
- Après une journée de travail… pour conclure la journée.
- Faire les exercices proposés trois fois de suite.

Proposition de 4 activités de base[10] :

Le Brain Gym propose un enchaînement de **4 activités de base** dans une séquence appelée

ECAP qui signifie : « Énergisant, Clair, Actif, Positif». **Le but de cet enchaînement est de se détendre pour mieux utiliser son cerveau et se sentir davantage impliqué dans ses activités.**

Première activité E

- Boire de l'eau lentement.
- Garder un peu l'eau dans la bouche avant de l'avaler. Cela nous réhydrate et nous redonne de l'énergie.

➢ Bien s'hydrater renforce toutes les compétences du cerveau à savoir : mémoriser, se concentrer…

Deuxième activité C

- Placer le pouce et l'index de la main droite dans les petits creux sous la clavicule.
- Placer la main droite sur le nombril. Cette main ne bouge pas tandis que la main gauche frotte les points de contact pendant environ 30 secondes.
- Dans le même temps, déplacer le regard lentement de droite à gauche en suivant une ligne horizontale.
- Inverser les mains.

➢ Ce mouvement active la coordination des mains et des yeux. Il facilite la lecture et l'écriture.

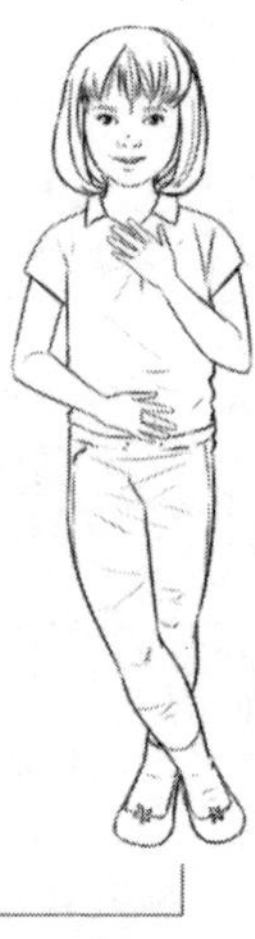

Troisième activité A

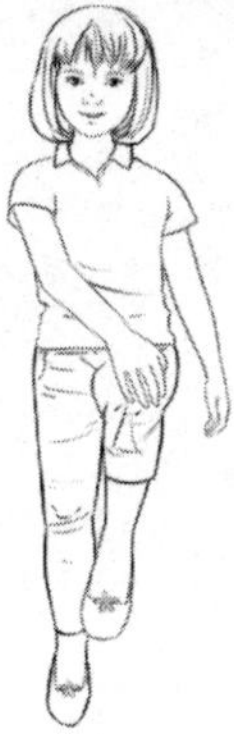

- Levez le genou droit et touchez-le avec la main gauche ou le coude gauche.
- Alterner tranquillement. Genou droit, main ou coude gauche ; genou gauche, main ou coude droit.

Variante : pied droit plié à l'arrière, main gauche tendue à l'arrière et inversement, tranquillement.

➢ Ces mouvements croisés rendent plus faciles les tâches de coordination et facilitent la compréhension.

Quatrième activité P

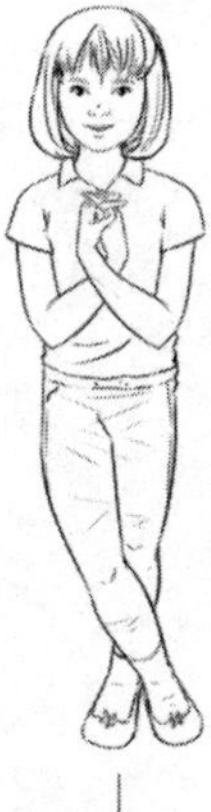

- Assis, debout ou couché.
- Croiser les chevilles, croiser les poignets, entrelacer les doigts.
- Amener les mains sur la poitrine.
- Inspirer par le nez tout en plaçant la langue derrière les incisives.
- Expirer par le nez et relâcher la langue.
- Pratiquer ainsi plusieurs cycles respiratoires.
- Décroiser les chevilles.
- Fermer les yeux.
- Écarter les bras.

- Rapprocher calmement les mains l'une vers l'autre jusqu'à ce que les doigts se rencontrent devant la poitrine.
- Garder cette position quelques instants en respirant comme décrit précédemment.

➢ Ces mouvements permettent, entre autres, un centrage émotionnel et une augmentation de l'attention.

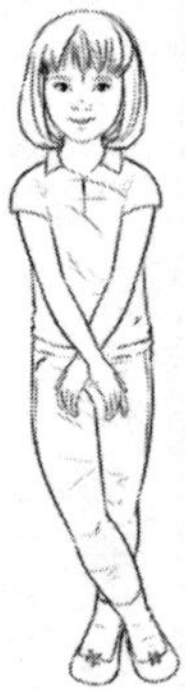

Cet enchaînement est à pratiquer au moins une fois par jour. Les activités décrites précédemment procurent un bien-être permettant d'entrer plus facilement dans les apprentissages. Elles augmentent aussi les capacités d'attention…

Voici deux autres mouvements brain gym rapides dont le but principal est d'accroître sa concentration pour mieux écouter. À pratiquer aussi souvent que nécessaire.

Ouvrez les oreilles

- Tournez la tête à droite et à gauche en gardant les épaules en ligne droite avec les hanches.
- Avec vos pouces et index, tirez doucement vos oreilles vers l'arrière en descendant, du pavillon vers le lobe, vers l'extérieur comme pour les « dérouler ».
- Terminez en massant le lobe.
- Recommencez deux ou trois fois.
- Ensuite, tournez la tête de droite à gauche.

➢ Ce mouvement de Brain Gym améliore le niveau d'énergie, l'équilibre émotionnel, l'attention auditive, le centrage, la mémoire, l'organisation, la prise de parole en public…

Les points de l'espace

- Placez deux doigts sous le nez au-dessus de la lèvre supérieure.
- Placez l'autre main en bas du dos sur la ligne de la colonne vertébrale.
- Restez droit, gardez la tête droite.
- Regardez au loin vers le haut.
- Puis baissez le regard vers le sol.
- Changez de main et recommencez.

➢ Ce mouvement aide à se concentrer plus longuement sur une activité.

❍ *Bilan de la pratique : la kinésiologie et le Brain Gym*

Situation mise en place	Évaluation	Argumentation

Outil n°12: Le jeu

Les jeux proposés ici sont des jeux sensoriels. Ils sollicitent la vue, le toucher, l'ouïe…

❍ *En bref*

Le jeu est inné chez l'enfant. L'enfant joue, l'animal joue. Cela participe à son développement. Jouer lui apprend à connaître ses sens, à sentir son corps pour parvenir à rester calme et fixer son attention. Jouer procure de la joie. Tout ce qui procure de la joie est bon pour le cerveau !

❍ *En quoi cet outil permet-il de capter l'attention des enfants?*

Les jeux ont pour objectif d'apprendre à l'enfant à mieux connaître son corps, à mieux utiliser ses sens et donc ses capacités. Les pratiquer régulièrement lui permettra d'accroître ses capacités d'attention tout comme la pratique régulière d'une activité sportive le rendra plus performant… L'attention est une capacité qui se travaille, qui s'entretient, qui se renforce, qui se muscle. Cela demande de l'entraînement. Pratiquer le jeu est un excellent entraînement!

❍ *Mon expérience*

Une pause ludique, apprendre tout en s'amusant. L'enfant sera toujours partant. Pour recentrer l'enfant ou le groupe, je propose quelques jeux. Les enfants les accueillent avec beaucoup d'enthousiasme.

❍ *À vous maintenant!*

Voici une série de jeux à pratiquer au gré de vos envies. N'oubliez pas que le but de ces exercices est d'accroître les capacités d'écoute des enfants tout en prenant du bon temps:

Jeu 1

- Dessinez avec votre regard une croix, un huit couché, un cercle dans un sens puis dans un autre (répétez 5 à 6 fois).
- Serrez fort les paupières pendant 10 secondes et ouvrez-les au maximum (recommencez 2 à 3 fois).

Jeu 2

- Fermez les yeux et écoutez les bruits qui vous entourent.
- Décrivez les bruits que vous avez entendus (la durée de cet exercice varie de 1 à 10 minutes en fonction de l'âge des enfants).

Jeu 3

- Placez un objet dans un sac en tissu. L'enfant plonge sa main.
- Décris ce que tu touches, ce que tu ressens (mou, dur, froid, pointu, rond…).
- Ses yeux sont ouverts ou fermés.

Variante : Bandez les yeux d'un enfant (les enfants, s'il s'agit d'un groupe, passeront à tour de rôle). Il doit reconnaître, en les touchant, les objets qui se trouvent dans le sac.

Jeu 4

- Choisissez une couleur.
- L'enfant note ou nomme tous les objets de la pièce de la couleur choisie.

Jeu 5

- Choisissez un mot.
- L'enfant note ou énumère tout ce que ce mot lui suggère.

Jeu 6

- Écrivez un mot.
- Demandez à l'enfant de l'écrire ou de vous le dicter à l'envers.

Variante : Idem avec une phrase.

Pour les plus petits, remplacez les mots par des images qu'ils doivent remettre dans l'ordre de l'histoire que vous avez énumérée.

Jeu 7

- Montrez à l'enfant un ensemble d'objets (une dizaine).
- Laissez-le les observer puis retirez-en quelques-uns qu'il doit nommer.

Variante : En fonction de l'âge, le nombre d'objets présentés et retirés peut varier.

- Présentez un plateau avec une dizaine d'objets couverts d'un tissu.
- Montrez les objets pendant 1 minute.
- Les enfants observent.
- Recouvrez les objets avec un tissu.
- Les enfants disent de mémoire la liste des objets.
- Notez ce que disent les enfants.
- Vérifiez les bonnes réponses.

Jeu 8

- Choisissez une lettre de l'alphabet. À tour de rôle, les enfants disent un mot commençant par la lettre indiquée en répétant les mots dits précédemment.

Variante : Si peu d'enfants ou un seul enfant : à tour de rôle, dire un mot jusqu'à atteindre 10 mots chacun…

ou « *Je vais au marché, j'ai mis dans mon panier…* ». *Chaque enfant répète la phrase et nomme une chose à mettre dans le panier à tour de rôle…*

Jeu 9

- Dessinez 5 ronds de couleurs différentes.
- Associez un bruit à chaque couleur :

vert	rouge	jaune	bleu	orange
○	○	○	○	○
Zip	boum	clac	hue	vroum

- Pointez une couleur.
- Les enfants, assis ou debout, exécutent le bruit.
- Variez le rythme du pointage.
- Supprimez petit à petit les bruits (les enfants devront les reconnaître de mémoire).

Variante :

- Associez un mouvement à chaque rond de couleurs :

vert	rouge	jaune	bleu	orange
○	○	○	○	○
bras levés	**à la verticale**	**derrière le dos**	**à l'horizontale**	**mains sur la tête**

Jeu 10

- Dessinez une figure sur un tableau.
- Observez-la. Laissez 5 à 10 secondes pour l'observer.
- Effacez la figure.
- Dessinez une autre figure et ainsi de suite… (en fonction de l'âge des enfants)
- La série terminée, les enfants dessinent la série en entier sur une feuille.

Jeu 11

- Placez un enfant face à un mur.
- Un enfant du groupe dit un mot (bonjour…) sans crier.
- L'enfant face au mur doit dire le prénom de celui qui vient de parler.
- Celui dont le prénom a été trouvé prend la place de l'enfant qui était face au mur et ainsi de suite…

Variante : Plus tard, faire reconnaître deux voix, puis trois !

❍ *Bilan de la pratique : les jeux*

Situation mise en place	**Évaluation**	**Argumentation**

Trucs et astuces pour aller plus loin !

Un mode de vie équilibré

En plus de tous ces outils, il va de soi qu'une vie équilibrée et une dose de motivation favorisent une bonne concentration.

- **S'aérer, faire du sport.**
- **Bien dormir.** Un enfant de 3 à 5 ans a besoin de 12 heures de sommeil par nuit. Un enfant de 10 à 12 ans a besoin de 10 heures de sommeil. Un manque de sommeil diminue, entre autres, les capacités d'attention.
- **Boire de l'eau.** L'eau est essentielle au bon fonctionnement du cerveau.
- **Avoir une alimentation saine.**

> Voici une liste d'aliments à privilégier pour favoriser une bonne attention ou concentration et une activité cérébrale optimale :
>
> - l'œuf ;
> - le germe de blé ;
> - noix, noisettes, amandes ;
> - levure de bière ;

- persil ;
- poissons de mer ;
- huile de foie de poissons (thon, flétan, morue) ;
- légumes verts et colorés : châtaignes, pomme de terre, herbes aromatiques ;
- légumineuses ;
- pain complet ;
- huile de première pression ;
- vitamines A/B/D/PP/C.

Avec modération :

- fromage (préférez le fromage de chèvre) ;
- sel non raffiné ;
- viande ;
- sucre complet et intégral ;
- chocolat (noir).

À éviter :

- viandes grasses ;
- les sucres raffinés ;
- les sodas ;
- les huiles raffinées et non biologiques ;
- les fruits acides ;
- les légumes comme le cresson, l'oseille, l'aubergine ;
- le pain blanc ;
- le lait (préférez le lait de chèvre).

Autres activités pour se détendre, développer ses capacités d'écoute, se recentrer…

❍ *Petits massages*

- Debout ou assis
- Montrez à l'enfant comment faire, ensuite il le fera sans vous sur lui-même ou sur un autre.
- Avec l'index, massez en appuyant doucement et en faisant un mouvement rond :
  - le sommet du crâne ;
  - le centre du front ;
  - une tempe ;
  - l'autre tempe ;
  - au-dessus de la bouche ;
  - avec deux index, massez le haut de la nuque, le lobe et le pourtour de chaque oreille.

➢ Faire des échanges de massage. Les enfants se massent à tour de rôle.

- Debout
- Tapotez votre crâne avec le bout des doigts.
- Époussetez par des mouvements rapides :
  - le front, le nez, les joues, les oreilles ;
  - les épaules ;
  - les bras ;
  - le ventre ;

– les fesses ;
– les cuisses ;
– les mollets ;
– les pieds.

- Fermez les yeux, prenez conscience de vos sensations.

- Frottez vos mains.
- Fermez les yeux.
- Caressez doucement (comme si vous appliquiez de la crème) votre visage : le front, le nez, les joues, le menton, le contour des yeux.
- Ouvrez les yeux.
- Secouez vos mains (comme pour retirer le surplus de crème).
- Frottez vos mains.
- Caressez de nouveau votre visage… vos oreilles, votre nuque, votre cou.
- Ouvrez les yeux.
- Secouez vos mains (comme pour retirer le surplus de crème).
- Étirez-vous.

Pour reposer les yeux fatigués

- Frottez les mains l'une contre l'autre.
- Déposez les paumes chaudes sur les yeux ouverts comme une coque.
- Comptez jusqu'à 60.
- Retirez vos mains.
- Clignez des yeux une dizaine de fois.

❍ ***Le mime***

- Bougez vos bras, les enfants vous imitent.
- Levez un bras devant vous.
- Levez l'autre bras.
- Levez les deux bras au-dessus de la tête.
- Baissez un bras devant vous.
- Baissez l'autre bras.
- Fermez et ouvrez les poings plusieurs fois de suite.
- Remettez les bras le long du corps.

Imaginez d'autres mouvements. Ne les exécutez pas trop vite.

❍ ***Mandalas à colorier***

- Coloriez de l'intérieur vers l'extérieur pour favoriser l'ouverture et donc ses capacités d'attention.
- Coloriez de l'extérieur vers l'intérieur pour favoriser la concentration[11].

❍ ***Dessins***

Les spirales infinies :

- Prenez une feuille blanche.
- Choisissez des crayons de couleur ou des feutres.
- Posez le crayon au centre d'une feuille.
- Faites un point au centre de la feuille (point de départ).
- Tracez une spirale dans le sens d'une aiguille d'une montre, aussi large que possible sans lâcher le crayon.

- Prenez un crayon d'une autre couleur.
- Tracez une spirale à l'intérieur de la première en commençant au point de départ en continu (sans lâcher le crayon).
- Choisissez une autre couleur et ainsi de suite.
- Tracez 5 ou plus de spirales imbriquées.

Variantes : l'enfant dessine une spirale en continu du centre de la feuille vers l'extérieur sans lâcher son crayon. Puis sur une autre feuille ou derrière la précédente, l'enfant dessine de l'extérieur vers l'intérieur une spirale sans lâcher son crayon.

❍ *L'éclairage de la pièce*

- Préférez les lumières tamisées et indirectes.
- Éteignez écran de télévision, ordinateur, portable.
- Le rouge, le bleu, le violet détendent et aident à la concentration.

❍ *L'aromathérapie*

- L'huile essentielle de romarin favorise la concentration.
- Mettre quelques gouttes dans un diffuseur adapté pour une diffusion aérienne.
- Lire les précautions d'emploi avant de diffuser une huile essentielle et demander conseil à un spécialiste. Une huile essentielle peut provoquer, chez certaines personnes, des réactions allergiques.

Conclusion

Toutes ces méthodes se combinent aisément. Ne les faites pas toutes le même jour, donnez-vous du temps, fixez-vous des objectifs. Introduisez-les petit à petit dans votre quotidien auprès d'enfants. Mieux vaut des petits pas que des gros changements qui bouleversent tout!

Quoi que vous fassiez, procédez par étape. Donnez-vous chaque jour un nouveau défi. Centrez, par exemple, davantage votre attention sur votre non-verbal et mesurez-en les effets sur les enfants.

Tous ces outils sont applicables en classe ou chez soi…

Appliquez-les pour vous aussi.

La tomate, le Brain Gym, la sophrologie, la musique… utilisez-les TOUS dans votre vie d'éducateur mais aussi de parents, pour VOUS.

Faites-vous du bien à vous aussi!

Quand on vit au contact d'enfants, il est important d'avoir une vie stable et saine. Tous ces outils y contribuent largement.

Nous sommes un modèle pour les enfants.

Allez-y, commencez… pensez aussi à votre bien-être!

Notes

1. Cet outil est traité dans la première partie de cet ouvrage.

2. Albert Mehrabian est un psychologue et professeur américain, né en Iran en 1939. Ses travaux sur la différence d'impact entre les messages verbaux et non verbaux, à la fin des années 1960, l'ont rendu célèbre. Les chiffres avancés par A. Mehrabian sont aujourd'hui parfois contestés. Quoi qu'il en soit, ils mettent bien en évidence, l'importance de la communication non verbale.

3. *L'effet Mozart*. Cet ouvrage parle des pouvoirs de la musique en général, et de celui de Mozart en particulier.

4. Des études, menées dans les années 1980, ont montré que des femmes enceintes qui écoutaient Mozart avaient des enfants pourvus d'une meilleure expression verbale.

5. *L'Express* n° 3331, mai 2015, interview de C. Gueguen : « Les paroles humiliantes détruisent des neurones. »

6. Le psychologue américain Abraham Maslow a hiérarchisé, à partir d'observations, les besoins humains. On les représente sous forme d'une pyramide. Voir sur Internet : « La pyramide de Maslow » pour avoir une représentation hiérarchisée des besoins.

7. Larousse.fr, 2016.

8. Technique tirée du yoga. *Des enfants qui réussissent, le yoga dans l'éducation* de Micheline Flak et Jacques de Coulon, Éditions DB8, 2008.

9. L'Éducation kinesthésique est une approche éducative qui utilise des mouvements et des activités motrices et artistiques pour développer notre potentiel. Source : Association française de Brain Gym.

10. Ces exercices sont extraits de l'ouvrage : *Brain Gym, le mouvement, clé de l'apprentissage* de Paul et Gail Dennison. Le Souffle d'Or, 2010.

11. *Mandalas bien-être Joie de vivre*. Jacques de Coulon. Éd. Jouvence, 2015.

Bibliographie

DENNISON Paul et Gail, *Brain Gym, le mouvement, clé de l'apprentissage*, Éditions Le Souffle d'Or, 2010.

DIEDERICHS Gilles, CANNELLA René, *Zen en classe école*, Éditions Rue des écoles, 2011.

DIEDERICHS Gilles, *100 activités apaisantes pour les enfants de 3 à 10 ans*, Éditions Mango Bien-Être, 2013.

FABER Adèle, MAZLISH Elaine, *Parler pour que les enfants apprennent à la maison et à l'école*, Éditions Relations… Plus, 2005.

FLAK Micheline, DE COULON Jacques, *Des enfants qui réussissent*, Éditions Épi, 1985.

GORDON Thomas, *Enseignants efficaces*, Les éditions de L'Homme, 2005.

GUEGUEN Catherine, *Pour une enfance heureuse*, Éditions Pocket, 2014.

LE CHEVALIER Solange, *L'enfant et la concentration*, Éditions Le courrier du livre, 2007.

MANENT Geneviève, *La relaxation pour les enfants*, Éditions J'ai lu Bien-être, 2009.

PERETTI Nathalie, *Relaxations créatives pour les enfants*, Éditions Le Souffle d'Or, 2012.

PETITCOLLIN Christel, *Bien communiquer avec son enfant*, Éditions Jouvence, 2003.

ROSENBERG Marshall B., *Les mots sont des fenêtres (ou bien des murs)*, Éditions La Découverte, 2005.

SIAUD-FACCHIN Jeanne, *Tout est là, juste là*, Éditions Odile Jacob, 2014.

SNEL Éline, *Calme et attentif comme une grenouille*, Éditions Les Arènes, 2012.

TOMATIS Alfred, *Pourquoi Mozart ?*, Éditions Fixot, 1994.

Remerciements

Merci à *Christophe Tissier* pour sa présence, sa patience, sa bienveillance, son soutien hors pair et ses encouragements.

Merci à *Isabel Arenas Herranz* pour son talent et sa créativité.

Merci à mes « premiers lecteurs » : *Brigitte Jeanneau, Véronique Potot, Pierre Barrier, Clotilde Barbet-Massin et Maryvonne Poulhalec,* pour leurs encouragements et leurs remarques.

Merci à mes petits élèves.

Merci à mes enfants *Raphaël et Élisabeth.*

Merci à toi, ami(e) !

Merci à vous !

Dépôt légal : janvier 2017
Achevé d'imprimer : mai 2017
Imprimé en Espagne par CPI